BANQUES NATIONALES FONCIÈRES

PAR DIVISION DÉPARTEMENTALE,

CONCILIANT LES INTÉRÊTS

DES PROPRIÉTAIRES, DES CAPITALISTES, DES DÉPARTEMENS,

DE L'ÉTAT,

PAR

M. H. ACOLLAS et MM. LEMAIRE frères (du Loiret), Propriétaires et Avocats.

———•———

Projet présenté à l'Assemblée Nationale le 15 Juin 1848, par le citoyen ÉMILE PÉAN, Représentant du Peuple, Secrétaire de l'Assemblée Nationale.

———•———

SE TROUVE

Chez les Concierges, rues { La Fayette, Nº 25, / de Bussy, Nº 15, } A PARIS.

———

1848.

PROJET D'ÉTABLISSEMENT

DE

BANQUES NATIONALES FONCIÈRES

PAR DIVISION DÉPARTEMENTALE.

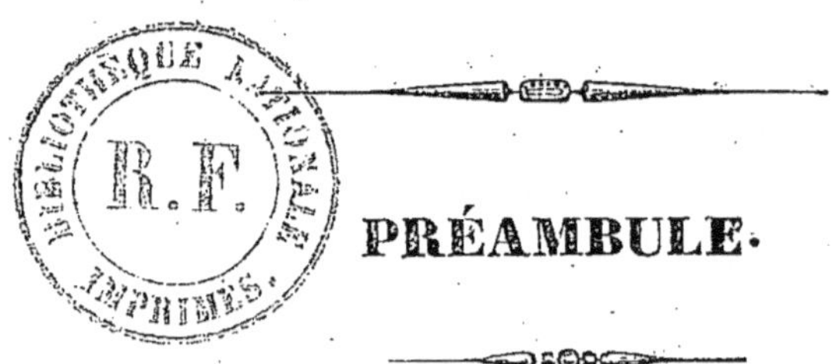

PRÉAMBULE.

Le crédit en France n'a jamais été organisé sur la seule et véritable base de la richesse nationale, la propriété immobilière. L'esprit d'égoïsme et de privilège a constamment fait écarter de ce pays si fécond l'institution de Banques foncières, quelqu'essor qu'en dût prendre la fortune publique, quelqu'avantage qu'en dût retirer l'État lui-même.

Les Banques qui se sont trouvées jusqu'à ce jour en possession de la confiance publique, l'ont uniquement fait tourner au profit du commerce et de l'industrie. Ne reposant que sur un crédit artificiel, elles ont eu besoin, pour le soutenir, de s'adresser à tout ce qui vit également de crédit artificiel. Aussi n'ont-elles jamais ouvert leurs caisses à l'agriculture et à la propriété, dont les ressources, bien que supérieures en réalité à celles du commerce et de l'industrie, ne leur offraient pas la perspective d'une réalisation aussi immédiate. Leur capital numéraire d'ailleurs, borné pour la France entière à 3 milliards au plus, était de beaucoup insuffisant, représentant

à peine, dans l'état normal des choses, un cinquième du capital de crédit en circulation. Cette trop grande disproportion
a eu pour résultat inévitable de jeter, à chaque époque des
grandes crises, une telle perturbation dans les transactions,
qu'il s'en est toujours suivi une dépréciation considérable de
toutes les valeurs sociales et de la propriété immobilière elle-
même, et par suite le tarissement de toutes les sources vitales
de l'agriculture, du commerce, de l'industrie, des arts.

Au gouvernement dégagé de toutes les influences d'intérêt
privé, est réservé l'honneur comme le devoir de rappeler dans
ces grandes artères de la fortune publique la vie qui s'en
échappe, en y faisant affluer dans de justes mesures, sans
contrainte, par la seule force des choses, une quantité suffisante de capitaux, produit libre et volontaire, mais nécessaire, d'une organisation du crédit public, qui commande à
tous le respect et la confiance, concilie les droits et les intérêts de tous, et assure à l'État et aux départemens des ressources considérables, qui s'accroîtront encore avec le développement de la prospérité publique.

CHAPITRE Ier.

OBJET DES BANQUES. — LEUR ÉTABLISSEMENT. — LEUR
GESTION.

Des Banques nationales, par division départementale, de
crédit foncier et d'agriculture seront fondées.

Elles reposeront sur le système de la publicité et de la mutualité départementale.

Elles auront pour objet de prêter à la propriété immobilière,
soit privée, soit communale, urbaine ou rurale, soit départementale, jusqu'à concurrence des trois cinquièmes de sa
valeur, qui se trouveront mobilisés en des obligations et billets
de banque de 1,000 fr., 100 fr. et 20 fr., au porteur ou
nominatifs.

Elles imprimeront par elles-mêmes un caractère public et authentique à toutes leurs opérations.

Indépendantes les unes des autres, elles opéreront distinctement dans chaque département, pour le compte et sous la gestion et responsabilité du département, avec la surveillance et le contrôle du gouvernement, par compte courant avec les emprunteurs, sans époque fixe de remboursement. — La responsabilité offerte par l'État, peut trop facilement devenir éphémère. — La mutualité entre tous les départemens présente trop d'inconvéniens pour la comptabilité, trop de dangers pour le public et la société.

Les Banques seront régies par un Directeur que nommera le Gouvernement, sur une liste de présentation du Conseil-Général du département. Ce Directeur devra toujours agir de concert avec une Commission permanente et gratuite du Con-seil-Général. Auprès de cette Administration sera attaché un Commissaire du Gouvernement.

Avant que les Banques n'entrent en fonctions, il sera fait une estimation générale de la propriété immobilière. On prendra pour base de sa valeur celle sur laquelle sont ou devront être assises à l'avenir les contributions foncières et les assurances ; ce qui, soit dit en passant, résoudra le problème jusqu'ici considéré insoluble, de la répartition égalitaire de l'impôt entre tous les départemens, et même tous les citoyens de France.

A cet effet, il sera adressé dans chaque commune des circulaires et formules imprimées, indiquant toutes les mesures à prendre et questions à répondre pour établir, avec le concours bienveillant, gratuit autant que possible, des Maire et Conseillers municipaux, des Employés du cadastre, des Contrôleur et Percepteur des Contributions directes, des Notaires du canton, du Juge-de-Paix et ses Suppléans, du Receveur de l'Enregistrement, et d'après tous les documens que les Banques seront autorisées à se procurer :

1° L'origine de la propriété, son établissement;

2° Les noms des précédens et nouveaux propriétaires;

3° La désignation des biens, leur nature en terre, pré, bois, vigne, lande, etc., leurs situation, contenance, qualité, classe, revenu, valeur;

4° La désignation des bâtimens, leurs surface, mode de construction, étendue en cours et jardins, élévation, destination, revenu, valeur;

5° La manière dont l'immeuble est exploité;

6° Les privilèges, inscriptions et hypothèques légales dont il est grevé.

Ces formules ainsi remplies seront vérifiées et contrôlées par le Conseil d'Arrondissement, sous la présidence du Sous-Préfet, puis par le Conseil-Général sous la présidence du Préfet; mises en ordre et inscrites sommairement sur des registres spéciaux, qui auront des blancs pour recevoir des observations et la mention des mutations qui surviendront par décès, vente ou autrement; le tout de manière à présenter un tableau général et perpétuel de la valeur des propriétés immobilières.

Cette valeur sera revisée tous les cinq ans de la même manière, sans frais pour les propriétaires.

Si, dans l'intervalle des cinq ans, une propriété engagée à la Banque éprouve une dépréciation notable ou une augmentation de valeur, la Banque ou le propriétaire pourra en provoquer une nouvelle estimation qui aura lieu moyennant un léger droit à payer par l'emprunteur. Le crédit de ce dernier en sera d'autant augmenté ou diminué, et si, par suite de diminution, la Banque est à découvert vis-à-vis de lui, il sera tenu d'acquitter immédiatement le reliquat.

Les prêts seront effectués en raison de la valeur estimative portée pour chaque individu au tableau général, jusqu'à concurrence des trois cinquièmes de cette valeur.

Toute demande de prêt devra être dressée par un officier ministériel ou fonctionnaire public, sur une formule imprimée délivrée aux ayant-droit à leur mairie, signée par eux et visée par le maire, qui l'adressera à la Banque foncière du département, avec les titres à l'appui.

Sur l'avis que sa demande est agréée, l'emprunteur pourra toucher tout ou partie du compte ouvert à son profit; il pourra aussi faire tous paiemens partiels à la décharge de son compte.

Le mois de décembre étant réservé pour l'établissement de tous les comptes, il ne sera fait aucune opération pendant ce mois.

CHAPITRE II.

PAPIER DE CRÉDIT. — INTÉRÊT DU TRÉSOR, DU DÉPARTEMENT ET DES PORTEURS D'OBLIGATIONS.

Telles qu'elles sont conçues, les Banques nationales, par division départementale, pourraient sans contredit s'établir en dehors de l'action du Gouvernement, pour le compte et dans l'intérêt exclusif des départemens ou des particuliers, à l'instar de la Banque de France. Il y a lieu de penser que leurs valeurs d'émission inspireraient autant, pour ne pas dire plus, de confiance que celles de cet établissement.

Mais il importe que le Gouvernement en qui se résume l'intérêt général, et qui seul peut véritablement être le dispensateur éclairé des ressources publiques, devienne le pivot d'une si belle, d'une si utile institution.

Il serait également sage de donner, quant à présent, en raison de la crise financière, politique et sociale, un cours forcé aux valeurs des Banques et de le limiter, pour faciliter le contrôle, à l'intérieur du département qui les aurait émises.

Le papier de crédit destiné à chaque département sera établi à la caisse centrale du Trésor où, sur la demande faite par un département de la somme que réclamera son service, il sera détaché d'une première souche et envoyé au chef-lieu du département. Là il recevra de nouveaux timbres, de nouvelles signatures pour être rendu complet, et il sera détaché d'une seconde souche, avant d'être livré à la circulation, afin d'en assurer un double contrôle.

Ce papier se composera de quatre cinquièmes en obligations de banque portant intérêt à trois pour cent l'an, au profit des porteurs, et d'un cinquième en billets de banque ne portant aucun intérêt. *(Voyez la note à la page 15.)*

Les emprunteurs recevront de la Banque les quatre cinquièmes de leur emprunt en espèces ou obligations, au choix de celle-ci, et le dernier cinquième en billets.

Ils seront tenus de suivre la même proportion dans leurs remboursemens. Il en sera de même de tout débiteur qui voudra se libérer, avec des valeurs de la Banque, de dettes portant intérêt ou de prix d'immeubles.

La Banque, pour éviter un trop plein improductif d'intérêts et faciliter une liquidation dans l'avenir, pourra refuser des espèces et exiger les remboursemens, en ses propres valeurs et dans la proportion de leur émission.

Les emprunteurs paieront un intérêt de 4 p. °/₀ par an à la Banque, le 31 décembre de chaque année, à son siège ou entre les mains des Percepteurs ; et ils ne seront tenus à aucuns frais d'obligation ni de libération.

Cet intérêt appartiendra, savoir : pour les obligations, trois pour cent aux porteurs et un pour cent à l'État ; — pour les billets, trois pour cent à l'État et un pour cent au département. Il sera payé par la Banque aux ayant-droit par sémestre, les 31 Janvier et 31 Juillet.

Pour faciliter à la Banque ce service sémestriel d'intérêts, tout emprunteur, en raison de ce qu'il ne sera tenu de lui payer ses intérêts que tous les ans le 31 décembre, devra par compensation lui laisser constamment deux pour cent en avance sur toutes les sommes dont il sera débiteur envers elle.

L'intérêt de quatre pour cent, pour les emprunteurs, qui pourra paraître élevé aura l'avantage, en arrêtant certains propriétaires dans leurs projets d'emprunt, en permettant à d'autres des arrangemens directs avec les capitalistes, d'empêcher une émission de titres qui, si elle dépassait le niveau des besoins généraux, deviendrait funeste à la société, et réagirait contre la propriété elle-même.

L'intérêt de 3 pour $\%$ au profit des porteurs d'obligations aura aussi l'avantage, en les faisant rechercher par les capitalistes, d'en empêcher une circulation qui pourrait nuire aux billets de la Banque, de fixer le numéraire existant en France, d'y appeler même les capitaux étrangers.

Il y a donc lieu de croire que pendant les premiers temps l'émission n'excédera pas le chiffre de 10 milliards, dont 2 milliards improductifs d'intérêts, feront office de monnaie courante, et que ce sera seulement ensuite que, les bienfaits de l'institution étant appréciés par le public, l'émission pourra se porter à 20 milliards.

Ce chiffre de 20 milliards produira un revenu annuel :

Pour l'État

1 pour $\%$ sur 16 milliards d'obligations. .	160 millions.
3 pour $\%$ sur 4 milliards de billets. . . .	120 *id.*
Ensemble. . . .	280 millions.

Pour les départemens

1 pour $\%$ sur 4 milliards de billets. . . .	40 *id.*
Revenu annuel pour la chose publique. .	320 millions.

Pour le capitaliste

3 pour $\%$ sur 16 milliards d'obligations. .	480 *id.*

Pour l'emprunteur

2 pour $\%$ d'intérêts et frais qu'il paiera en moins sur 20 milliards.	400 *id.*

Voilà une distribution équitable d'une richesse annuelle de . . . . 1,100 millions.

Le département pourra en outre, pour couvrir la Banque de ses frais, pertes et sinistres, former des établissemens de bienfaisance, et faire exécuter des travaux d'utilité publique, être autorisé à prélever :

1° Pour enregistrement et récépissé de chaque prêt et de chaque dépôt, 2 fr. (25,000 prêts supposés et autant de dépôts, sur 200 millions pour un département). . . . 100,000 F.

2° Pour conservation des actes de propriété aux archives, par an 2 fr. 50,000

3° Pour communication d'actes ou de comptes, 1 fr. . , . . . , ... 50,000

4° Pour expéditions et extraits d'actes, de comptes, etc. 100,000

5° Pour estimations partielles, mutations par décès, ventes, etc., 50 centimes par $^o/_o$ fr. 100,000

Revenu annuel par département. 400,000

En y ajoutant sa part, 1/86° des 40 millions portés au tableau ci-dessus, soit. 465,000

On voit que chaque département en moyenne se créera un revenu annuel, sauf les frais de gestion qui ne sauraient être considérables, de 865,000

Il est une conséquence qui n'échappera à personne : c'est que le nouveau papier de circulation qui viendra s'ajouter au numéraire, contribuant à rétablir la confiance publique, et à rappeler toutes les valeurs sociales à leur état normal, fournira au gouvernement le moyen de convertir toutes ses rentes en 3 pour $^o/_o$ au pair, puisque les capitalistes ne trouveront à placer qu'à ce taux; et delà une économie annuelle pour le Trésor de 80 millions.

CHAPITRE III.

RÉFORME LÉGISLATIVE. — PRIVILÈGE DES BANQUES. — POUR-
SUITE EN PAIEMENT DES INTÉRÊTS, EN REMBOURSEMENT
DU CAPITAL. — EXPROPRIATION.

Pour inspirer toute confiance et assurer le succès des Banques, il importe de substituer dans leur organisation et leur
fonctionnement, la simplicité, la célérité, l'économie des
formes administratives, à la complication, à la lenteur, à la
multiplicité de frais des formes judiciaires ; comme aussi de
soumettre toutes leurs opérations, et ce qui s'y rattachera, à la
juridiction administrative.

Dans l'intérêt du Trésor et des départemens, les droits des
Banques ne peuvent être primés par aucun tiers ni privilége ou
hypothèque quelconque, sauf l'hypothèque légale dont la cause
ne pourrait être éteinte.

En conséquence et sous l'exception qui précède, chaque
emprunteur sera tenu de fournir aux Banques des immeubles
libres ou de désintéresser, en recevant, ses créanciers hypothé-
caires envers lesquels, pour faciliter les opérations, il pourrait
se libérer, avant l'échéance des termes d'exigibilité, nonobstant
toute prohibition.

L'hypothèque légale n'aura d'effet à l'égard des Banques
qu'autant qu'elle aura été inscrite, sa cause déterminée, et seulement jusqu'à concurrence de la somme énoncée en l'inscription.

L'inscription de l'hypothèque légale sera opérée sans frais
par les conservateurs des hypothèques, sur la réquisition de
toute personne pour des droits ouverts, et même d'office, sur
l'avis d'un officier ministériel ou fonctionnaire public, pour
ceux liquides ; et, pour des droits éventuels, sur la représenta-

tion d'une délibération du conseil de famille à l'égard des maris et tuteurs, et d'une demande de leurs supérieurs à l'égard des comptables.

Le mari dont les biens, propres ou conquêts de communauté, engagés à la Banque sans le concours de sa femme, ne présenteront plus une valeur libre suffisante, ne pourra, sans le consentement spécial de celle-ci, faire aucun acte pouvant donner naissance à une obligation de sa part envers elle ou sa succession, et le tuteur qui se trouvera dans le même cas, sans une délibération du conseil de famille, à moins qu'ils ne veuillent verser les deniers à provenir de cet acte sur leurs comptes à la Banque, ou les employer en obligations de celle-ci, qu'ils déposeront à la caisse des consignations, et qu'ils pourront ensuite retirer, soit en faisant remploi, soit en obtenant : le mari le consentement de sa femme, le tuteur celui du conseil de famille.

Jusqu'à nouvelle organisation du régime hypothécaire, et pour simplifier leurs travaux, les Banques devront être dispensées de l'inscription hypothécaire. Leurs registres seront assimilés à ceux des conservateurs d'hypothèques, avec lesquels ils viendront en concurrence pour toutes les opérations de Banque qui y figureront, et dont les effets remonteront vis-à-vis des tiers au jour où la demande de l'emprunteur aura été agréée et inscrite.

Étant à l'abri de toute espèce de soupçons de fraude par leur institution même, aucune déclaration de faillite ni disposition de loi quelconque ne pourront, en aucun cas, entraîner la nullité des engagemens contractés envers elles.

Elles seront autorisées à poursuivre le recouvrement des intérêts que devront les emprunteurs, par les mêmes voies, par les mêmes agens et avec les mêmes priviléges que pour les contributions foncières.

À défaut de paiement des intérêts dans le mois qui suivra la sommation sans frais, le capital qui leur sera dû deviendra de plein droit exigible. Il en sera de même si l'emprunteur à qui la Banque aura avancé jusqu'à concurrence des trois cinquièmes de la valeur de sa propriété, consent ou laisse prendre en vertu de jugemens définitifs, inscription sur elle, ou que l'expropriation en soit provoquée par des tiers.

La Banque pourra alors poursuivre le remboursement de son capital par les mêmes voies que celui des intérêts, et si ces voies sont inefficaces, par la vente de l'immeuble aux enchères, devant un notaire qui sera désigné par le Commissaire du Gouvernement, près l'Administration de la Banque.

L'adjudication ne pourra avoir lieu que quinze jours au moins après une insertion dans le journal des annonces judiciaires du département et une apposition d'affiches aux chefs-lieux des commune, canton, arrondissement et département de la situation des biens, et en présence du Commissaire du Gouvernement ou de son Délégué.

Toute personne qui, dans les dix jours de l'adjudication déposera à la Banque le dixième du prix principal et le montant des frais, sera admise à surenchérir. Il sera procédé avec les mêmes formalités que dessus et sans opposition possible, à une nouvelle adjudication qui sera définitive.

Dans le mois de l'adjudication, l'adjudicataire sera tenu de payer son prix à la Banque, jusqu'à concurrence des sommes à elle dues, sous peine de voir l'immeuble revendu par les mêmes voies à sa folle enchère. Toutefois il retiendra sur son prix le montant des inscriptions d'hypothèques légales qui primeront la Banque.

Aucun créancier ne pourra poursuivre l'expropriation des biens engagés aux Banques, qu'après les en avoir informées par un mémoire, et seulement à leur refus.

CHAPITRE IV.

ANNEXES AUX BANQUES. — CAISSES DES DÉPOTS ET CONSIGNA-
TIONS. — CAISSES D'ÉPARGNES.

Dans un but de simplification, de contrôle réciproque et per-
manent, il conviendrait d'annexer aux Banques nationales de
département, et de concentrer au chef-lieu, dans un même
bâtiment, de manière que les Banques fussent à la Finance
ce que sont les Préfectures à l'administration gouvernemen-
tale :

1° La recette générale du département, à convertir en administration publique ;

2° L'administration du cadastre, à organiser sur un système
perpétuel ;

3° L'administration des assurances, à racheter ;

4° L'administration des Banques de prévoyance pour les
travailleurs, à établir ;

5° Les archives des actes de la propriété privée, à créer ;

6° La conservation des hypothèques à refondre d'après le
système de la publicité ;

7° L'administration et le contrôle des contributions directes ;

8° La partie de l'administration des domaines relative à
l'enregistrement des actes et aux déclarations de succession ;

9° La partie de l'administration des contributions indirectes
relative à l'impôt sur le tabac et les vins, qui devrait être rendu
direct, recouvrable par les percepteurs, plus productif au
Trésor, moins lourd aux contribuables, par une substitution
sagement combinée de droits à la production à ceux de consommation ;

10° L'administration des caisses de dépôts et consignations
et d'épargnes qui se lient si essentiellement aux Banques, et

qu'il serait d'une si haute politique de placer sous la protection et non à la disposition du Gouvernement.

Toute personne qui déposera pour affaire litigieuse, cautionnement de marchés et emplois publics ou toute autre cause, et qui voudra être remboursée par son dépôt même , paiera un droit annuel de dépôt de 20 centimes par cent francs , au lieu de recevoir un intérêt.

Celle au contraire qui voudra rendre son dépôt productif d'intérêts, échangera ses espèces ou billets ne portant point intérêt contre des obligations en produisant, et les déposera sur récépissé à la Banque, qui n'aura qu'à lui payer ses intérêts, sous la retenue du droit qui précède, et à lui remettre ses titres, sans autre responsabilité.

A l'égard du déposant aux Caisses d'Épargnes, il lui sera tenu compte d'un intérêt au fur et à mesure de ses dépôts, comme par le passé; mais aussitôt que ces dépôts auront atteint, supposez 20 fr. ou 100 fr., il devra prendre un coupon de rente ou une obligation de la Banque à son choix, et la caisse libérée envers lui deviendra simple dépositaire de son titre.

Ce système, associant le travail à la propriété, établira pour la conservation de celle-ci , et l'amélioration de l'agriculture et du crédit public, une communauté d'intérêts qui unira tous les citoyens, depuis l'ouvrier laborieux, avec son épargne de 20 fr., jusqu'au capitaliste le plus opulent; et l'État n'aura plus à se préoccuper du remboursement, dans un temps plus ou moins éloigné, des caisses de dépôts et consignations et des Caisses d'Epargnes.

CONCLUSION.

Par la combinaison financière proposée, aussi simple dans son application que féconde dans ses résultats:

L'agriculteur , petit propriétaire, trouvera, sans le secours de l'usurier, l'argent nécessaire pour améliorer son champ, construire une grange pour serrer sa récolte, une habitation commode pour lui et sa famille.

Le constructeur propriétaire remplacera ses vieilles masures de rues étroites et malsaines, par des maisons vastes et aérées, qui contribueront à l'embellissement et à l'assainissement des villes.

Le propriétaire malaisé qui cherche vainement un emprunt onéreux pour soutenir son commerce, nourrir sa famille, acquitter ses charges, se verra affranchi de toutes ces inquiétudes, de toutes ces angoisses dont l'agitent l'impossibilité de satisfaire à ses engagemens, l'incertitude de conserver le fruit de vingt années de travail, l'héritage même de son père.

Le capitaliste hypothécaire qui souffre et est exposé à mourir de faim, parcequ'il ne touche ni capital ni intérêts, et que des poursuites ne feraient qu'accélérer sa ruine et celle de son débiteur, recevra tout ce qui lui est dû, et sera assuré de toucher à l'avenir exactement ses intérêts, sans appréhension même d'aucune poursuite à exercer contre son nouveau débiteur.

Le propriétaire aisé ou riche lui-même, qui souvent est obligé de modérer ses dépenses intérieures, de comprimer ses goûts d'embellissement, de construction et de luxe, parcequ'il a eu à payer certaines dépenses sur lesquelles il ne comptait pas, ou à accorder des délais ou des remises à des fermiers qui ont éprouvé des pertes, sera heureux de pouvoir s'adresser à une administration qui lui offrira des moyens si faciles et si peu onéreux, de satisfaire ses goûts et de se procurer toutes les jouissances de la vie.

Les villes qui ont contracté des emprunts dont le remboursement obligatoire absorbe tous les ans leur budget de recettes, et qui sont obligées, faute de capitaux, d'ajourner des travaux extrêmement utiles, de suspendre même ceux commencés, rembourseront leurs créanciers pour n'avoir plus qu'un faible intérêt à payer tous les ans, et se feront en outre ouvrir sur leurs valeurs immobilières, les crédits nécessaires pour achever leurs entreprises et en commencer de nouvelles.

Tous auront ce double avantage, inappréciable, de pouvoir ne prendre sur leurs crédits, littéralement, qu'au fur et à mesure de leurs besoins, sans frais de déplacement, au moyen des percepteurs de communes, et rembourser de même par telles fractions de sommes qu'il leur plaira : ce qui leur évitera une perte d'intérêt considérable et transformera pour eux la Banque en véritable Caisse d'Épargne.

L'État, en créant des ressources immenses à l'agriculture, à la propriété, au commerce, à l'industrie, en facilitant l'é—change, la production, la consommation, donnera du travail à tous les ouvriers qui en manquent, et fera affluer dans ses caisses et celles des départemens, des sommes considérables qui contribueront puissamment au développement de la prospérité nationale.

Enfin, l'ouvrier économe et prévoyant, qui travaillera, placera ses économies de 20 fr. sur la propriété qui se trouvera ainsi répandue dans toutes les mains ; et cette confraternité, cette communauté d'intérêts, vrai communisme organisé et seul possible, sera une garantie de plus pour la conservation des valeurs immobilières, un nouveau gage d'ordre public, la consolidation des institutions du pays.

Note. Une autre combinaison pourrait être substituée au système d'émission proposé. Toutes les valeurs émises consisteraient en billets de banque uniformes ne produisant aucun intérêt dans la circulation. Mais le porteur ou capitaliste qui n'en aurait pas l'emploi, pourrait les immobiliser par un dépôt temporaire à la Banque, qui lui donnerait droit à un intérêt de 3 p^r % par an, tant que subsisterait le dépôt.

PROJET DE DÉCRET.

L'ASSEMBLÉE NATIONALE :

Considérant qu'il importe de mettre un terme à la crise financière, de rappeler l'état normal des affaires, de créer les moyens propres à la reprise immédiate des travaux et au développement de l'industrie et de l'agriculture, de venir en aide à la propriété immobilière, tout en respectant l'intérêt des capitalistes, et en procurant à l'État et aux Départemens des ressources considérables ;

DÉCRÈTE :

Il sera immédiatement procédé à la création de Banques nationales, de crédit foncier et d'agriculture, par division départementale, sous la gestion et responsabilité de chaque département, avec le contrôle de l'État, d'après les bases et suivant les détails contenus au mémoire qui précède.

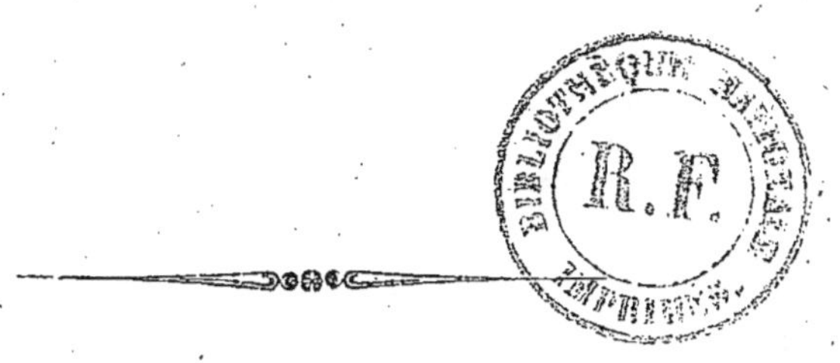

Paris. Imprimerie Chassaignon, rueGît-le-Cœur 7.